1

구약

위대한

시작

가스펠 프로젝트

구약 1

위대한 시작

저학년

지은이 | LifeWay Kids
옮긴이 | 권혜신 · 안윤경
감　수 | 김도일 · 김병훈 · 이희성

초판 발행 | 2016. 11. 11
2판 3쇄 발행 | 2026. 2. 3
등록번호 | 제1988-000080호
등록된 곳 | 서울특별시 용산구 서빙고로65길 38
발행처 | 사단법인 두란노서원
영업부 | 02) 2078-3352, 3452, 3752, 3781
　　　　 FAX　080-749-3705
편집부 | 02) 2078-3437

표지디자인 | 더그램
활동 연구 | 권지영 · 박현진 · 이경선 · 한승우

책값은 뒤표지에 있습니다.
ISBN 978-89-531-4600-6 04230 / 978-89-531-4599-3(세트)

홈페이지 | gospelproject.co.kr
두란노몰 | mall.duranno.com

The Gospel Project
for Kids

is published quarterly by LifeWay Christian Resources,
One LifeWay Plaza, Nashville, TN 37234, Thom S. Rainer, President
© 2015 LifeWay Christian Resources
Translated and used by permission of LifeWay Christian Resources

This Korean translation edition © 2016 by Duranno Ministry,
38, Seobinggo-ro 65-gil, Yongsan-gu, Seoul, Republic of Korea
Published by arrangement with LifeWay Christian Resources

차례

1. 창조의 하나님

1
하나님이 세상을 창조하셨어요
4

2
하나님이 사람을 창조하셨어요
10

3
죄가 세상에 들어왔어요
16

4
가인과 아벨이 제물을 드렸어요
22

5
하나님이 노아와 가족을
구해 주셨어요
28

6
바벨탑을 쌓던 사람들이
흩어졌어요
34

2. 언약을 맺으시는 하나님

7
하나님이 아브라함과
언약을 맺으셨어요
40

8
하나님이 아브라함을
시험하셨어요
46

9
하나님이 다시
약속하셨어요
52

3. 언약을 지키시는 하나님

10
야곱이 복을 가로챘어요
58

11
하나님이 야곱에게
새 이름을 주셨어요
64

12
요셉이 이집트로
팔려 갔어요
70

13
요셉의 꿈이
이루어졌어요
76

내 친구는 아마? 82　　　메시지 카드 87　　　연대표 94

하나님이 세상을 창조하셨어요

창세기 1장 1~25절

주제

하나님은 세상의 모든 것을 창조하셔서
하나님의 영광을 나타내셨어요.

가스펠 링크

예수님은 만물의 주인이세요.
모든 것이 예수님에 의해,
예수님을 위해 창조되었어요.

성경의 초점

하나님은 왜 세상을 창조하셨나요?
하나님은 이 세상 모든 것을
하나님의 영광을 위해 창조하셨어요.

태초에 이 세상에는 하나님 외에 아무것도 없었어요. 하나님은 아무것도 없는 상태에서 이 세상을 만드셨어요. 하나님이 만드신 세상은 하나님이 보시기에 좋았어요. 하나님은 만물이 하나님께 영광을 돌리도록 계획하셨어요.

보물
지도

가위바위보로 이긴 사람이 한 칸씩 전진해 보세요.

우리는 하나님의 구원 계획을 따라가고 있어요.
보너스 칸에서는 어떤 일이 있었나요?
85쪽 가스펠 프로젝트 마크를 오려 게임 말로 사용하세요.

6

‘출발’에서 ‘도착’까지 창조 순서를 따라 길을 찾아보세요.
창조 몇째 날인지 그림 위에 숫자를 써 보세요.

친구들과 ‘이심전심’ 게임을 하며 어떤 창조물을 좋아하는지 이야기를 나누어 보세요.

이심전심 게임이란?

둘 중에 어떤 것이 좋은지 묻고 동시에 답해 마음이 통했는지 알아보는 게임입니다.
예) "산이 좋아, 바다가 좋아?", "낮이 좋아, 밤이 좋아?" 등.

하나님이 창조하신 세상을 보며 하나님을 찬양해 보세요.

하나님이 창조하신 세상에서 내가 가장 좋아하는 것은 무엇인가요?
그림이나 글로 표현해 보세요.

- 하나님이 무엇을 창조하셨나요? (창세기 1~2장)
- 하나님께 영광을 돌린다는 것은 무슨 뜻인가요?
  하나님이 얼마나 놀라운 분이신지 인정하고 고백한다는 뜻이에요.
- 이번 주에 우리 가족은 어떻게 하나님께 영광을 돌릴 수 있을까요?

8

- 가족과 함께 자연을 거닐며 하나님이 창조하신 세상을 관찰해 보세요.

- 하나님이 창조하신 세상은 하나님이 얼마나 놀라운 분이신지를 어떻게 나타내고 있나요?

- 함께 읽을 말씀 : 창세기 1장; 요한복음 1장 1~3절; 시편 8편

하나님이 사람을 창조하셨어요

창세기 1장 26절~2장 25절

주 제

하나님은 하나님의 형상대로 사람을
창조하셨고, 남자와 여자로 만드셨어요.

가스펠 링크

하나님의 형상대로 하나님을 가장 완벽하게
나타내시는 분은 예수님이세요.

성경의 초점

하나님은 왜 세상을 창조하셨나요?
하나님은 이 세상 모든 것을
하나님의 영광을 위해 창조하셨어요.

하나님은 하나님의 형상대로 사람을 창조하셨어요. 하나님이 만드신 것들을 둘러보시니 모든 것이 좋았어요. 하나님이 창조하신 세상은 하나님이 어떤 분이신지를 나타내고 있어요.

빈칸에 적힌 흐린 글씨를 따라
고린도전서 8장 6절을 완성해 보세요.

그러나 우리에게는

한 하나님 곧 아버지가 계시니

*만물이 그 에게서 났고

우리도 그 를 위하여 있고

또한 한 주 예수 그리스도께서 계시니

만물이 그 로 말미암고

우리도 그 로 말미암아 있느니라

고린도전서 8장 6절

■ '그'는 누구일까요?
★ 만물(萬物) : 세상에 있는 모든 것

세상을 만드시고 사람을 만드신 하나님을 생각해 보세요.

1. 하나님은 어떤 분이실까요?

   보 기 에서 찾아 ○표 해 보세요.

   보 기

   죄가 없다   다정하다   자비롭다   사랑이 많다   돕는다   지혜롭다

   실수가 없다   모든 것을 안다   약속을 어긴다   모든 것을 할 수 있다

   게으르다   *공의롭다   *온유하다   위로한다   정직하다   불공평하다

   용서한다   오래 참는다   *신실하다   기쁨이 가득하다   평화롭다   변덕스럽다

2. 나는 하나님의 어떤 성품을 닮았나요?

3. 내가 닮고 싶은 하나님의 성품은 어떤 것인가요?
   그 이유는 무엇인가요?

★ 공의 : 공평하고 옳다.
★ 온유 : 성격이나 태도가 부드럽다.
★ 신실 : 믿음직하다.

나의 어떤 성품으로
하나님의 크고 놀라우심을 드러낼 수 있을까요?

하나님이 어떤 분이신지 드러내는 나의 모습을 생각하며 그림이나 글로 표현해 보세요.

- 하나님은 아담과 하와를 어떻게 창조하셨나요? (창세기 1장 26절~2장 25절)
- 하나님의 형상대로 창조되었다는 것은 무슨 뜻인가요?
- 이번 주에 우리 가족은 어떻게 서로에게서 하나님의 형상을 발견할 수 있을까요?

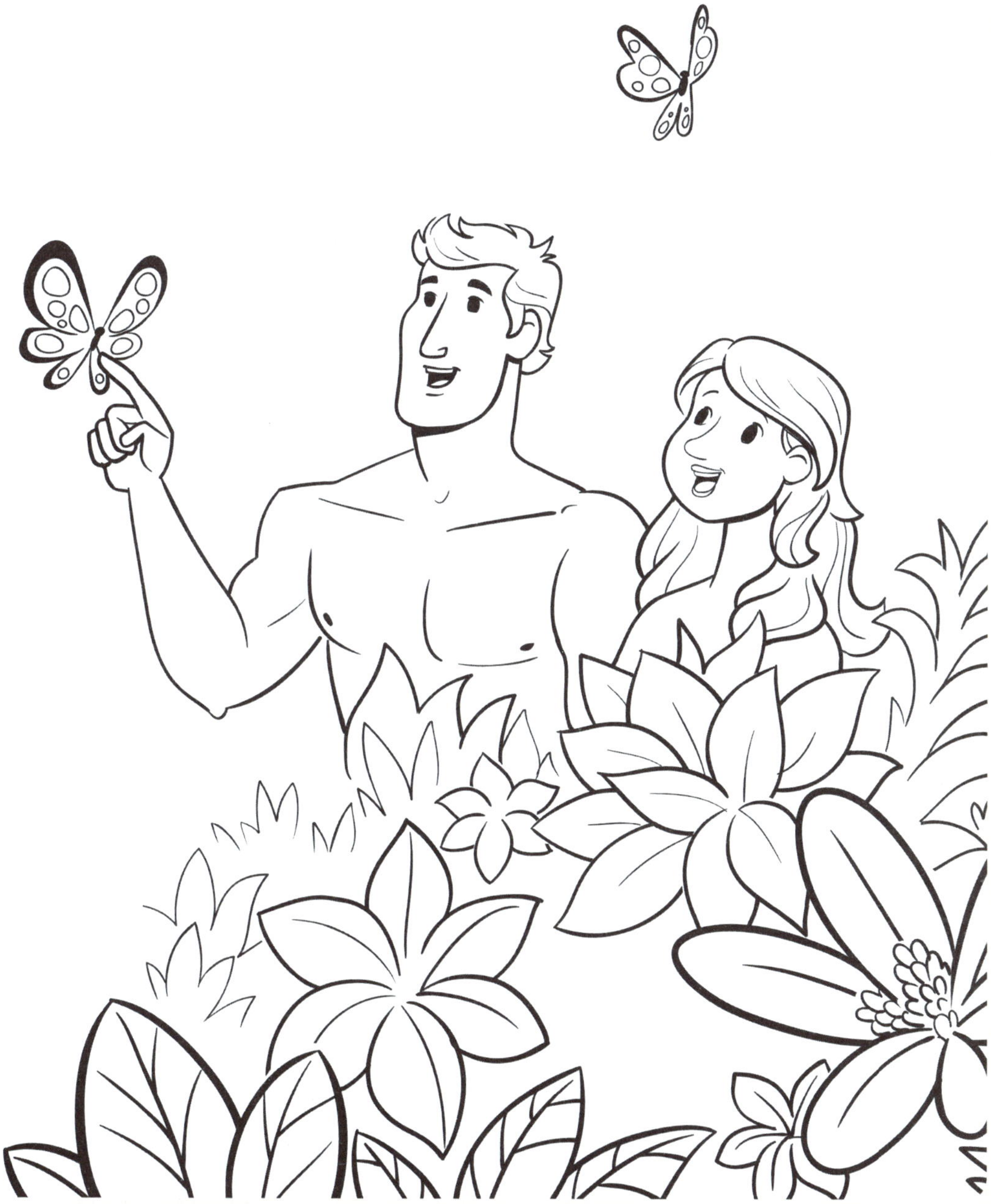

가족과
활동해요

- 친구나 이웃이 자신이 하나님의 형상대로 만들어졌다는 사실을 알 수 있도록 도와주세요.
- 하나님이 어떤 분이신지 보여 준 사람들에게 감사 편지를 보내세요.
- 함께 읽을 말씀 : 창세기 3장 1절~4장 16절, 7장

죄가
세상에
들어왔어요

창세기 3장 1~24절

주제

아담과 하와의 죄가 그들을
하나님으로부터 갈라놓았어요.

가스펠 링크

사람들을 죄에서 구원해 하나님께로 다시
인도하시기 위해 예수님이 세상에 오셨어요.

성경의 초점

죄가 무엇인가요?
죄는 하나님의 법을 어기는 거예요.
죄는 사람들을 하나님으로부터 갈라놓아요.

아담과 하와는 하나님의 말씀을 어겨 죄를 지었어요. 사람들은 끊임없이 하나님의 말씀을 어기기로 마음먹어요. 모든 사람이 하나님 앞에서 죄인이에요. 죄는 사람들을 하나님으로부터 갈라놓아요.

앞에서부터 차례대로 사다리를 타며
고린도전서 8장 6절을 읽어 보세요.

과일에 적힌 글자를 이용해 다음 문장을 완성하세요.

생각나는 죄가 있나요?

그림이나 글로 표현해 보세요(흰색 색연필을 사용해도 좋아요).
그림이나 글이 완성되면 아래 글씨를 진하게 따라 써 보세요.

예수님이 나의
죗값을 *치르셨어요.

★치르다 : 주어야 할 돈을 내 주다.

가족과 이야기해요
- 아담과 하와가 죄를 짓자 어떻게 되었나요? (창세기 3장 16~19절)
- 예수님은 우리의 죄를 없애기 위해 어떻게 도와주시나요?

가족과 활동해요
- 매일 밤 하루 동안 지었던 죄에 대해 가족과 이야기하고, 더 이상 그 죄를 짓지 않게 도와 달라고 하나님께 기도해 보세요. 예수님을 보내 주신 하나님께 감사드리세요.
- 함께 읽을 말씀 : 창세기 8장 1절~9장 17절, 11장 1~9절

가인과 아벨이 제물을 드렸어요

창세기 4장 1~16, 25~26절

주제

가인의 죄가 그를
하나님과 사람들로부터 갈라놓았어요.

가스펠 링크

예수님은 하나님이 약속하신
하와의 후손이세요.
때가 되면 죄와 죽음을 끝내고
죄인을 구원하러 오실 거예요.

성경의 초점

죄가 무엇인가요?
죄는 하나님의 법을 어기는 거예요.
죄는 사람들을 하나님으로부터 갈라놓아요.

　　가인과 아벨이 하나님께 제물을 드렸어요. 하나님은 아벨의 제물은 받으시고
가인의 제물은 받지 않으셨어요. 화가 난 가인은 아벨을 죽였어요. 가인은
그 벌로 떠돌아다니는 신세가 되었지요. 하나님은 거룩하시기 때문에 죄를
벌하셔야 해요. 죄는 우리를 하나님과 사람들로부터 갈라놓아요.

친구들과 한 목소리로 고린도전서 8장 6절을 따라 읽으며 차례대로 글자 칸을 색칠해 보세요.

그에서 시작해 보세요. 어떤 단어가 숨어 있나요?

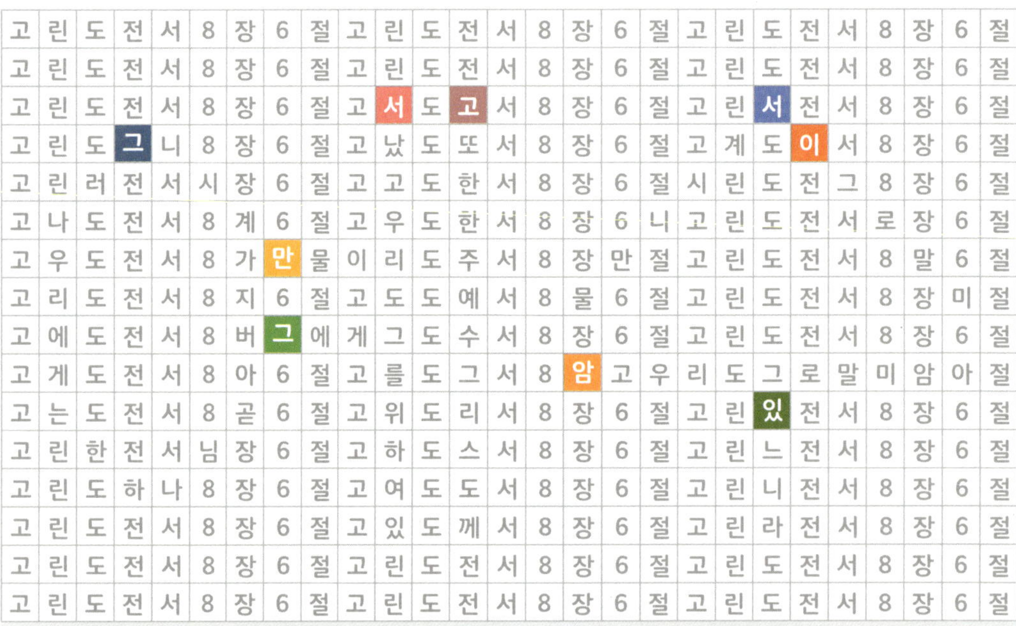

다음 빈칸에 들어갈 알맞은 단어를 적어 보세요.

1. 아담의 ☐ 가 아담과 하나님 사이를 ☐ ☐ 놓았어요.

2. 하와의 ☐ 가 하와와 하나님 사이를 ☐ ☐ 놓았어요.

3. 가인의 ☐ 가 가인과 하나님 사이를 ☐ ☐ 놓았어요.

4. 관계를 다시 회복시키시는 분은 ☐ ☐ ☐ 이세요.

나에게 소중한 것, 내가 좋아하는 것, 내가 잘하는 것들을 생각해 보세요.

나는 나중에 커서 어떤 일로 하나님을 기쁘시게 할 수 있을까요?
그림에서 찾아 ○표 하거나 도화지에 써 보세요.

하나님은 세상의 모든 것을 창조하셔서 하나님의 영광을 나타내셨어요.

하나님은 사람들이 하나님이 창조하신 것을 마음껏 누리고 하나님께 감사드릴 수 있도록 하셨지요.

이것이 우리가 하나님께 영광을 돌리는 이유예요.

우리는 하나님이 얼마나 놀라운 분이신지 사람들에게 보여 주는 것으로도 하나님께 영광을 돌릴 수 있어요.

하나님께 가장 좋은 것을 드리기 원하나요?

그 마음을 그림이나 글로 표현해 보세요.
우리가 하는 모든 일을 통해 하나님이 얼마나 놀라운 분이신지를 나타낼 수 있어요.
우리의 삶을 통해 우리가 하나님께 얼마나 감사드리는지를 보여 줄 수 있어요.

**가족과
이야기해요**

- 가인과 아벨은 각자 어떤 제물을 하나님께 가져갔나요? (창세기 4장 3~4절)
- 가인은 죄를 지었어요. 죄를 지으면 어떤 벌을 받게 되나요? (로마서 3장 23절, 6장 23절)

**가족과
활동해요**

- 어떻게 하면 가족 활동으로 하나님께 영광을 돌릴 수 있을지 함께 의논해 보세요.
- 이웃을 돕기 위한 간단한 계획을 세워 보세요.
- 함께 읽을 말씀 : 창세기 12장 1~9절, 15~16장

하나님이 노아와 가족을 구해 주셨어요

창세기 6장 5절~9장 17절

주제

하나님은 거룩하시고, 죄를 벌하세요.

가스펠 링크

하나님의 아들 예수님이 우리 대신
벌을 받기 위해 오셨다는 것을 믿으면
우리는 노아가 구원받은 것처럼
우리가 지은 죄의 벌에서 구원받아요.

성경의 초점

죄가 무엇인가요?
죄는 하나님의 법을 어기는 거예요.
죄는 사람들을 하나님으로부터 갈라놓아요.

하나님은 노아에게 방주를 지으라고 말씀하셨어요. 하나님은 죄를 벌하시기 위해 온 땅에 홍수를 보내셨어요. 하나님은 노아와 그의 가족, 그리고 동물들을 구하셨어요. 하나님은 다시는 온 땅을 홍수로 뒤덮지 않겠다는 약속의 표시로 무지개를 만드셨어요.

• • • •
성경과 친해지는 시간을 가져 보아요.
보기 에서 알맞은 답을 찾아 빈칸에 써 보세요.

보기

창　　구　　5　　신약　　창세기　　6　　구약　　세상

1. 성경은 □□ 과 □□ 으로 나뉘어요.

2. 구약의 맨 처음 책은 □□□ 예요.

3. 창세기는 약자로 □ 이라 표시해요.

4. 창세기는 한자로 '創世記'라고 쓰는데

　 '처음으로 □□ 을 만든 기록'이라는 뜻이에요.

　 創 : 시작할 창 / 世 : 세상 세 / 記 : 기록할 기

5. 창세기 6장 5절을 찾으려면

　　① 성경의 □ 약에서

　　② 맨 처음 나오는 □□□ 를 찾고

　　③ 큰 숫자 □ 을 찾고,

　　④ 작은 숫자 □ 를 찾으세요.

'출발'에서 '도착'까지 길을 찾으며 글자를 모아
완성된 문장을 아래에 써 보세요.

83쪽 동물 카드를 가위로 오려 친구들과 함께 '동물 짝 찾기' 기억 게임을 한 뒤,
좋아하는 동물 카드를 붙이세요.

기억 게임이란?

모든 카드를 바닥에 뒤집어 펼쳐 놓고 순서대로 2장씩을 뒤집어서 맞는 그림
이 나오면 가져가고, 틀린 그림이 나오면 다시 뒤집어 둡니다. 카드를 많이 얻
은 사람이 이기는 게임입니다.

우리를 구원하신 예수님을 기억하며 감사의 편지를 써 보세요.

우리는 죄를 지었어요. 그런데 우리가 마땅히 받아야 할 벌을 예수님이 대신 받으셨어요.
그림이나 글로 표현해 보세요.

가족과 이야기해요

- 하나님은 왜 홍수를 보내셨나요? (창세기 1장 26절~2장 25절)
- 우리는 죄를 지으면 어떤 벌을 받게 되나요? (로마서 6장 23절)
- 하나님은 우리를 우리의 죄에서 어떻게 구원하시나요?

가족과 활동해요

- 우리 가족에게 사랑을 베풀어 주신 하나님께 감사드리는 시간을 가져 보세요.
- 한 가족이나 한 사람을 정해 특별한 방법으로 대접하며 하나님의 사랑을 전해 주세요.
- 함께 읽을 말씀 : 창세기 17장 1절~18장 15절, 21장 1~7절, 22장

바벨탑을 쌓던 사람들이 흩어졌어요

창세기 11장 1~9절

주제

하나님은 오직 하나님께만 영광을 돌리게
하시려고 사람을 창조하셨어요.

가스펠 링크

하나님은 교만한 사람들의 말을
혼란스럽게 하시고 온 땅에 흩으셨어요.
예수님이 하나님의 백성을 다시 모으실 때
그들이 하나님께 예배드릴 거예요.

성경의 초점

하나님은 왜 세상을 창조하셨나요?
하나님은 이 세상 모든 것을
하나님의 영광을 위해 창조하셨어요.

사람들은 흩어져 온 땅을 가득 채우라는 하나님의 명령을 어기고 한곳에 모여 살기로 했어요. 그들은 하나님이 아니라 자기 자신에게 영광을 돌리려고 탑을 쌓기 시작했어요. 그러자 하나님이 그들의 말을 뒤섞으셨어요. 사람들은 온 땅으로 흩어졌지요.

보기 에서 알맞은 단어를 찾아 빈칸에 써 고린도전서 8장 6절을 완성해 보세요.

그러나 우리에게는 한 ☐☐☐

곧 ☐☐☐ 가 계시니

만물이 그에게서 ☐☐

우리도 그를 ☐☐☐ 있고

또한 ☐ 주 ☐☐ 그리스도께서 계시니

☐☐☐ 그로 말미암고

☐☐☐ 그로 말미암아 있느니라

고린도전서 8장 6절

다음 문장이 맞으면 ○표, 틀리면 ✕표 하세요.

1. 하나님은 사람들에게 서로 모여 있으라고 말씀하셨다. ……………………

2. 사람들은 하나님을 찬양하기 위해 탑을 쌓았다. ……………………………

3. 하나님은 언어를 혼란스럽게 하셔서
   그들이 서로의 말을 알아듣지 못하게 하셨다. ……………

4. 하나님은 세상의 모든 것을 창조하셔서
   하나님의 영광을 나타내셨다. ……………………

5. 우리는 날마다 우리가 하는 모든 활동을 통해
   하나님께 영광을 돌릴 수 있다. ……………………

6. 하나님은 우리가 하나님께 영광을
   돌리든지 말든지 신경을 안 쓰신다. ……………

괄호 안의 글자가 뒤죽박죽 섞여 있어요.
순서를 바르게 써 보세요.

하나님은 오직

(나 만 하 께 님)

영광을 돌리게 하시려고

(셨 창 어 사 조 을 람 하 요)

자기 자신을 높이지 않고
하나님께 영광을 돌리는 모습은 어떤 것일까요?

하나님을 찬양하며 감사드리는 모습을 그림이나 글로 표현해 보세요.

- 사람들은 누구를 더 중요하게 생각했나요? 하나님인가요, 자기 자신인가요?
- 내가 가진 재능으로 내가 얼마나 대단한 사람인지 뽐내려고 했던 적이 있나요?
- 어떻게 하면 내가 가진 재능으로 하나님이 얼마나 위대한 분이신지를 나타낼 수 있을까요?

- 우리 가족이 가진 재능과 능력을 적어 보세요.
- 하나님의 위대하심을 나타낼 수 있도록 여러분의 재능을 사용해 보세요.
- 함께 읽을 말씀 : 창세기 24장, 25장 19~34절, 27장 1~29절, 29장

하나님이 아브라함과 언약을 맺으셨어요

창세기 12장 1~3절,
15장 1~21절, 17장 1~9절

주제

하나님은 아브라함을 통해 온 세상에
복을 주겠다고 약속하셨어요.

가스펠 링크

아브라함을 통해 온 세상에 복을 주겠다고
약속하신 하나님은 예수님을 아브라함의
자손으로 태어나게 하셔서 땅의 모든 나라가
복을 받게 하셨어요.

성경의 초점

하나님은 무엇을 약속하셨나요?
하나님은 하나님의 백성에게
복을 주겠다고 약속하셨어요.

　　하나님은 아브라함과 언약을 맺으셨어요. 하나님은 아브라함에게 많은 자손을 주겠다고 약속하셨어요. 아브라함은 자녀를 낳기에는 나이가 많았지만 하나님의 약속을 믿었어요. 하나님은 그 약속을 책임지고 지키시겠다는 뜻을 아브라함에게 보여 주셨어요.

로마서 4장 3절 말씀을 따라 별을 선으로 이어 그림을 완성하고 색칠해 보세요.

성경이 무엇을 말하느냐 아브라함이 하나님을 믿으매
그것이 그에게 의로 여겨진 바 되었느니라

로마서 4장 3절

★ 과 같은 모양의 별을 찾아 ○표 해 보세요.

하나님은 아브라함에게 밤하늘의 별과 같이 많은 자손을 약속하셨어요.
아브라함의 자손 중에는 어떤 사람들이 있나요?

성경을 찾아 읽고 [   ] 안에서 참인 것에 ○표 하세요.

1. 아브라함이 제일 가지고 싶었던 것은 [자동차, 자녀 또는 상속자]였어요(창 15:2~3).

2. 하나님은 아브라함에게 [별, 모래, 머리카락]을 보라고 하셨어요(창 15:5).

3. 아브라함은 하나님을 [믿었어요, 의심했어요](창 15:6).

4. 하나님은 아브라함의 자손이 다른 나라에서 [30년, 400년] 동안 노예 생활을 하게 될 것이라고 말씀하셨어요(창 15:13).

5. 아브라함이라는 이름은 [군대 장관, 여러 민족의 아버지]라는 뜻이에요(창 17:5).

하나님이 나에게 어떤 복을 주셨는지 생각해 보세요.

가족이나 자신에게 필요했던 것이 생긴 경험을 해 본 적이 있는지 생각해 보고
그림이나 글로 표현해 보세요.

가족과 이야기해요

- 약속을 해 본 적이 있나요? 그 약속을 지켰나요? 지키거나 지키지 못한 이유는 무엇인가요?
- 아브라함은 하나님의 약속을 믿었어요. 믿는다는 것은 무슨 뜻인가요? (히브리서 11장 1절)
- 하나님이 우리 가정에 어떤 복을 주셨나요?

가족과 활동해요

- 맑은 날 밤하늘에 떠 있는 별을 세어 보세요.
- 언제나 신실하신 하나님께 감사하다고 고백해 보세요.
- 함께 읽을 말씀 : 창세기 30장, 37장

하나님이 아브라함을 시험하셨어요

창세기 22장 1~19절

주제

아브라함은 하나님의 계획이
이해되지 않을 때에도 하나님을 믿었어요.

가스펠 링크

하나님은 온 인류를 위해서
예수님을 마지막 희생양으로 준비하셨어요.

성경의 초점

하나님은 무엇을 약속하셨나요?
하나님은 하나님의 백성에게
복을 주겠다고 약속하셨어요.

하나님은 아브라함에게 아들 이삭을 제물로 바치라고 말씀하셨어요.
아브라함은 하나님을 믿고 하나님께 순종했어요. 하나님은 이삭 대신
제물로 바칠 숫양 한 마리를 준비해 놓으셨어요.

친구들과 가위바위보로 순서를 정한 뒤,
다트 판에 동전 또는 바둑돌을 튕겨서 나온 단어를 모아
문장을 완성해 보세요.

★힌트 : 8과의 주제

숫자에 알맞은 색으로 빈칸을 색칠해 그림을 완성하세요.
어떤 상황을 표현한 그림인가요?

1 - 살구　2 - 노랑　3 - 연두
4 - 초록　5 - 주황　6 - 갈색

내가 소중하게 생각하는 다섯 가지를
그림이나 글로 표현해 보세요.

만약 하나님이 그 다섯 가지를 바치라고 하신다면 기분이 어떨까요?
아브라함은 어떤 마음이었을까요? 아래 글씨를 진하게 따라 써 보세요.

나는 하나님을
믿을 수 있어요.

- 하나님의 말씀에 순종하기 힘들 때도 있어요. 여러분은 언제 순종하기 어려웠나요?
- 하나님의 말씀에 순종한 성경 인물에 대해 이야기를 나누어 보세요.
- 하나님은 우리를 대신할 제물로 무엇을 준비하셨나요?

- 부모님을 도와 집안일을 대신 해 보세요. 예수님은 우리 대신 벌을 받아서 제물이 되셨어요.
- 우리 가족에게 필요한 것을 항상 채워 주시는 하나님을 찬양하세요.
- 함께 읽을 말씀 : 창세기 39장, 41장 1절~42장 25절

하나님이 다시 약속하셨어요

창세기 25장 19~26절,
26장 1~6절, 28장 10~22절

주제

하나님은 자신이 언제나 약속을 지키시는
분임을 아브라함의 자손에게 알려 주셨어요.

가스펠 링크

예수님은 모든 하나님의 백성에게
구원과 구속을 베푸시려는
하나님의 계획을 이루셨어요.

성경의 초점

하나님은 무엇을 약속하셨나요?
하나님은 하나님의 백성에게
복을 주겠다고 약속하셨어요.

하나님은 아브라함에게 많은 자손을 주시고 그를 통해 온 세상에 복을 주겠다고 약속하셨어요. 하나님은 같은 약속을 아브라함의 아들인 이삭에게도 하셨어요. 아브라함의 손자인 야곱은 꿈에 하나님을 만났어요. 하나님은 같은 약속을 야곱에게도 하셨어요.

초성 힌트를 보고 빈칸에 알맞은 단어를 써
로마서 4장 3절을 완성해 보세요.

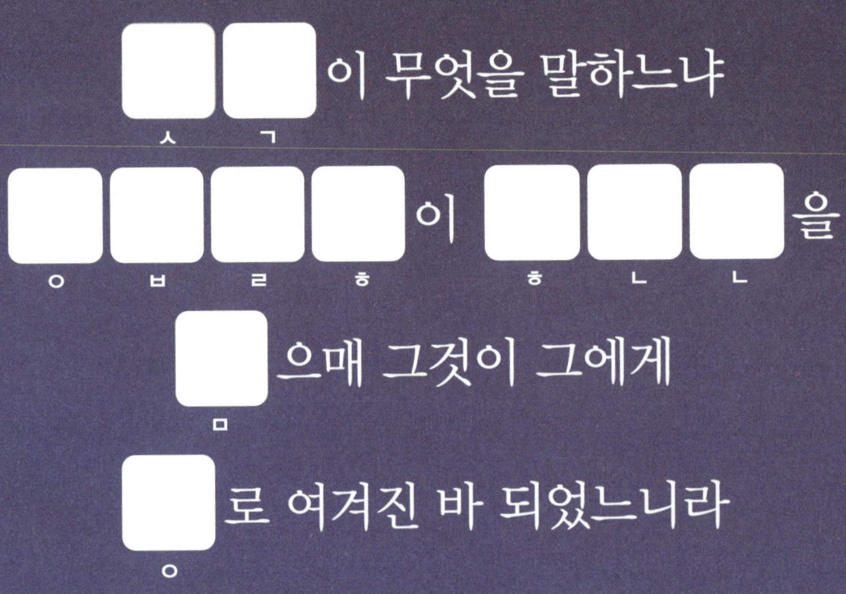

로마서 4장 3절

성경 이야기의 순서대로 번호를 쓰고,
어떤 내용인지 이야기해 보세요.

• • • •
이 그림은 어떤 장면인가요?
각 줄의 짝수 번째 글자를 지우고
남은 글자를 빈칸에 적어 보세요.

내네가자너손와이함야께곱있이어잠
네이가깨어야디이로르가되든여지
너이를에지두키려며워너하를여이르끌되어
이렵땅도으다로사돌곳아이오여게이할것지은라
내아가침네에게일허찍락이한일
것어을나다베이개루로기삼까았지
너벧를엘떠이나라지하아였니더하라리루라스
하더신라지아라

창세기 28장 15절

아브라함과 이삭과 야곱을
신실하게 대하신 하나님을 기억하고 싶나요?

하나님이 약속을 지키시는 분이라는 것을 오랫동안 기억할 수 있도록
나만의 표시를 만들어 그림이나 글로 표현해 보세요.

가족과 이야기해요

- 하나님이 아브라함에게 하신 약속은 누구를 위한 것이기도 했나요?
- 야곱은 꿈에 무엇을 보았나요? (창세기 28장 12절)

가족과 활동해요

- 부모님과 함께 가계도를 그려 보세요.
- ★족보 등을 이용해 우리 가족의 조상은 누구인지 이야기해 보세요.
- 함께 읽을 말씀 : 창세기 44~45장, 47장

★ 가계도 : 가족 관계를 나타내는 그림
★ 족보 : 한 가문의 혈통을 기록한 책

야곱이 복을 가로챘어요

창세기 25장 27~34절, 27장 1~45절

주제

야곱이 에서의 복을 가로챘어요.

가스펠 링크

모든 *피조물보다 먼저 계신 예수님이
우리를 위해 모든 복을 포기하셨어요.

성경의 초점

무엇이 하나님의 계획을 막을 수 있나요?
아무것도 하나님의 완벽한 계획을
막을 수 없어요.

★피조물 : 하나님이 창조하신 모든 것

　　야곱과 에서는 쌍둥이 형제였어요. 에서는 큰아들이었기 때문에 아버지의 재산을 더 많이 물려받고, 아버지가 빌어 주는 복을 받을 장자권이 있었어요. 에서는 죽 한 그릇을 받고 자신의 장자권을 야곱에게 팔았어요. 야곱은 아버지를 속여 에서가 받을 복을 가로챘어요.

각각의 공에 숨겨진 암호를
암송 구절에서 찾아 빈칸을 채워 보세요.

그 밤에 여호와께서 그에게 나타나 이르시되

나는 네 아버지 아브라함의 하나님이니 두려워하지 말라

 종 아브라함을 위하여 가 너와 있어

네게 을 주어 네 이 하게 하리라 하신지라

창세기 26장 24절

풍선 속 문장은 에서와 야곱 중 누구에 대한 내용일까요?

풍선과 바구니를 줄로 알맞게 연결해 보세요.

두 그림을 비교해 보고 열 가지 다른 부분을 찾아
오른쪽 그림에 ○표 하세요.

탐험
하기

**내가 세운 계획이 뜻대로 되지 않았던 경험을
그림이나 글로 표현해 보세요.**

- 야곱과 이삭은 둘 다 잘못된 것을 원했거나, 좋은 것이지만 잘못된 방법으로 가지려고 했어요.
하나님은 자신의 계획을 어떻게 이루셨나요?

- 하나님이 완벽한 계획을 이루어 가시고 있다는 것을 믿기 힘들 때가 있나요?
- '성경의 초점'을 카드로 만들어 거울에 붙여 두고 매일 떠올려 보세요.
- 함께 읽을 말씀 : 욥기 1장, 3장, 6장, 8장

하나님이 야곱에게 새 이름을 주셨어요

창세기 32~33장

주제

하나님이 야곱의 이름을 이스라엘로
바꾸어 주셨어요. 이스라엘은
하나님의 약속의 백성이라는 뜻이에요.

가스펠 링크

예수님이 죽으시고 부활하심으로 우리가
하나님의 자녀가 되었어요.

성경의 초점

무엇이 하나님의 계획을 막을 수 있나요?
아무것도 하나님의 완벽한 계획을
막을 수 없어요.

하나님은 야곱에게 에서가 있는 고향으로 돌아가라고 말씀하셨어요. 야곱은 말씀에 순종했지만 여전히 두려웠어요. 하나님은 야곱을 찾아오셔서 밤새도록 씨름하셨어요. 날이 밝아 오자 야곱은 자신을 축복해 달라고 하나님께 간절히 부탁했어요. 하나님은 야곱의 이름을 '이스라엘'로 바꾸어 주셨어요.

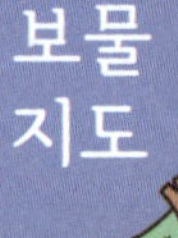

다음 질문에 대한 답이 적힌 단어 상자에 손가락을 짚어 보세요.

한번 짚은 손가락은 다시 뗄 수 없으니, 어떤 손가락을 먼저 짚을지 주의하세요.

언약	에서	복	
화가 났다	고향	야곱의 가족	하나님
엉덩이뼈	이스라엘	아브라함	

1. 야곱의 할아버지는 누구인가요?

2. 하나님은 아브라함과 무엇을 맺으셨나요?

3. 야곱의 형은 누구인가요?

4. 야곱은 에서에게서 무엇을 훔쳤나요?

5. 야곱이 복을 가로챘을 때 에서의 기분은 어떠했나요?

6. 하나님은 야곱에게 어디로 갈 때가 되었다고 하셨나요?

7. 누가 야곱과 함께 고향으로 돌아갔나요?

8. 야곱은 누구와 씨름했나요?

9. 야곱은 어디를 다쳤나요?

10. 야곱의 새 이름은 무엇인가요?

그림 암호를 풀어 빈칸을 채우세요.

하나님이  의 이름을

    로

바꾸어 주셨어요.

★ 힌트 : 그림의 첫 글자

하나님이 하신 약속을 믿고 있나요?

누군가가 나에게 어떤 일을 해 주기를 기다리거나 믿어야 했던 적이 있나요?
하나님께 하고 싶은 말을 그림이나 글로 표현해 보세요.

- 두려운 마음이 들 때가 언제인지 가족과 이야기해 보세요.
  두려움을 이기기 위해 어떻게 했나요?
- 누군가에게 용서받은 적이 있나요? 어떤 기분이었나요?

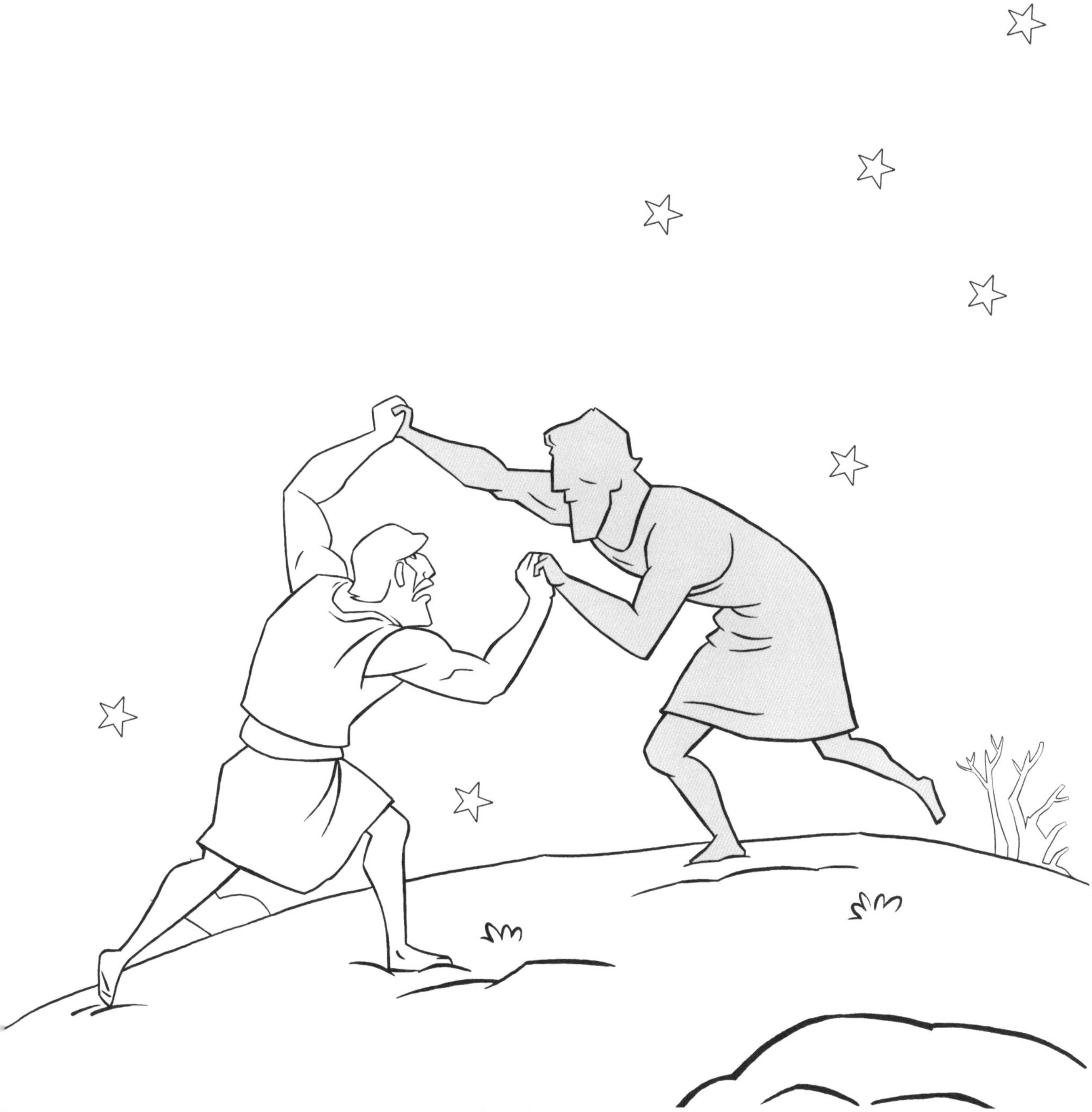

가족과
활동해요

- 가족 팔씨름 대회를 열어 보세요. 야곱은 하나님과 씨름했고, 자신을 축복하기 전에는 하나님을 놓지 않으려고 했어요.
- 가족의 이름이 각각 어떤 뜻인지 찾아 보세요. 이름이 잘 어울리나요?
- 함께 읽을 말씀 : 욥기 11장, 14~15장

요셉이 이집트로 팔려 갔어요

창세기 37장 1~36절, 39장 1절~41장 57절

주제

하나님은 요셉의 고난을
선하게 사용하셨어요.

가스펠 링크

예수님은 하늘의 보좌를 버리고
고난을 당하셨지만, 온 세상의 구원자가
되셨어요.

성경의 초점

무엇이 하나님의 계획을 막을 수 있나요?
아무것도 하나님의 완벽한 계획을
막을 수 없어요.

요셉은 형들의 미움을 사 이집트에 노예로 팔려 갔어요. 요셉은 억울하게 감옥에 갇혀 있던 중 파라오에게 술을 바치던 신하를 만나게 되었어요. 그는 훗날 파라오에게 요셉을 소개해 주었어요. 하나님이 파라오의 꿈이 무슨 뜻인지 요셉에게 알려 주셨지요. 파라오는 요셉에게 높은 벼슬을 주었어요.

다음은 요셉 이야기를 그린 만화입니다.
말풍선을 채워 이야기를 완성해 보세요.

가로세로 열쇠를 풀어 빈칸을 채워 문장을 완성해 보세요.

나 - 2　가 - 4　마 - 1　라 - 5

다 - 2　가 - 6　가 - 1

바 - 5　라 - 3　다 - 6

바 - 2　나 - 2　다 - 4

가 - 2　나 - 5　나 - 2　마 - 4　바 - 6　다 - 2 .

	1	2	3	4	5	6
가	의	사	악	나	자	셉
나	목	하	구	괴	용	우
다	로	요	나	게	시	을
라	되	월	난	로	은	자
마	님	너	주	셨	수	예
바	비	선	자	신	고	어

힘든 일을 겪은 경험을 그림이나 글로 표현해 보세요.

만약 힘들었던 일이 생각나지 않는다면 책에서 읽은 위인이 어려움을 겪었던
이야기를 기록해 보세요.

가족과 이야기해요

- 요셉의 형들은 왜 요셉을 싫어했나요?
- 누군가를 질투해 본 적이 있나요?
- 예수님과 요셉의 삶은 어떤 점이 비슷한가요?

가족과 활동해요

- 가족 중에 어려운 일을 겪고 있는 사람이 있나요? 가족이 함께 기도해 주세요.
- 심부름을 하거나 식사를 준비하거나 청소를 하는 등 가족을 섬겨 보세요.
- 함께 읽을 말씀 : 욥기 20~21장, 24장

요셉의 꿈이 이루어졌어요

창세기 42장 1절~46장 34절, 50장 15~21절

주제

하나님은 요셉을 남은 자로 삼으시기 위해
이집트로 보내셨어요.

가스펠 링크

하나님은 하나님의 백성을 구원하시기 위해
예수님이 고난을 겪도록 계획하셨어요.

성경의 초점

무엇이 하나님의 계획을 막을 수 있나요?
아무것도 하나님의 완벽한 계획을
막을 수 없어요.

요셉의 형들이 곡식을 사기 위해 이집트에 왔어요. 요셉은 형들을 용서했고, 요셉의 모든 가족은 이집트로 와서 요셉과 함께 살게 되었어요. 그들은 하나님이 특별히 살려 두신 하나님의 백성으로서 '남은 자'였어요.

빈칸에 들어갈 알맞은 단어를 보기 에서 찾아 쓰세요.

보 기

여호와	아브람	번성	너와	상	기름	친척	자손	아브라함
두려워	기뻐	반가워	함께	곁에	복	자손	감소	반성

그 밤에 〇〇〇 께서 그에게 나타나 이르시되

나는 네 아버지 〇〇〇〇 의 하나님이니

〇〇〇 하지 말라 내 종 〇〇〇〇 을 위하여

내가 〇〇〇 있어 네게 〇 을 주어

네 〇〇 이 〇〇 하게 하리라 하신지라

창세기 26장 24절

질문의 답을 적거나 맞는 문장에는 〇표, 틀린 문장에는 ✕표 하세요.

1. 요셉의 형들은 왜 이집트로 갔나요? 창 42:1~2

   → 가나안에 흉년이 들어 가족의 옷이 해어져 옷을 사기 위해 이집트로 갔다. (　　　)

2. 형들과 함께 이집트로 가지 않고 집에 남아 있었던 사람은 누구인가요? 창 42:4 (　　　)

3. 형들 때문에 이집트에 노예로 팔려 간 요셉은 형들을 만나 복수했다. 창 45:5 (　　　)

4. 하나님은 요셉의 고난을 어떻게 선하게 사용하셨나요? 창 45:7

   → 많은 사람이 굶주림에서 구원을 받았고, 야곱의 가족도 흉년에서 살아남게 되었다. (　　　)

5. 무엇이 하나님의 계획을 막을 수 있나요?

   → 아무것도 (　　　　　　)의 완벽한 (　　　　　　)을 막을 수 없어요.

85쪽 퍼즐을 잘라 그림을 맞추어 붙여 보세요.
요셉을 이끄신 분은 누구이신가요?

가족을 용서하려면 어떻게 해야 하나요?

그림이나 글로 표현해 보세요.

<table>
<tr><td>가족과
이야기해요</td><td>• 하나님은 요셉의 형들의 나쁜 계획을 어떻게 선하게 사용하셨나요?
• 나에게 잘못한 사람을 바로 용서해 주나요, 아니면 똑같이 갚아 주나요?</td></tr>
</table>

- 먹을 것이 다 떨어졌을 때 야곱의 가족은 얼마나 막막했을까요? 혼자 외롭게 사시는 할머니, 할아버지들이나 노숙자와 같이 먹을 것이 필요한 사람들을 돕는 일에 참여해 보세요.
- 함께 읽을 말씀 : 욥기 28장, 32장

내 친구는 아마?

둘씩 짝을 지어 서로에 대한 느낌을 기록하고 친구에게 맞는지 물어보세요.
친구를 알아 가는 즐거움을 나누어 보세요.

	를 본 첫 느낌은		했다.
	는	내 생각에는 아마~	사실은~
별명은			
형제·자매는			
생일은		월	월
좋아하는 색깔은		색	색
좋아하는 놀이는			
좋아하는 음식은			

에 대해 알고 난 뒤 나의 느낌은

하다.

하나님이
세상을
창조하셨어요

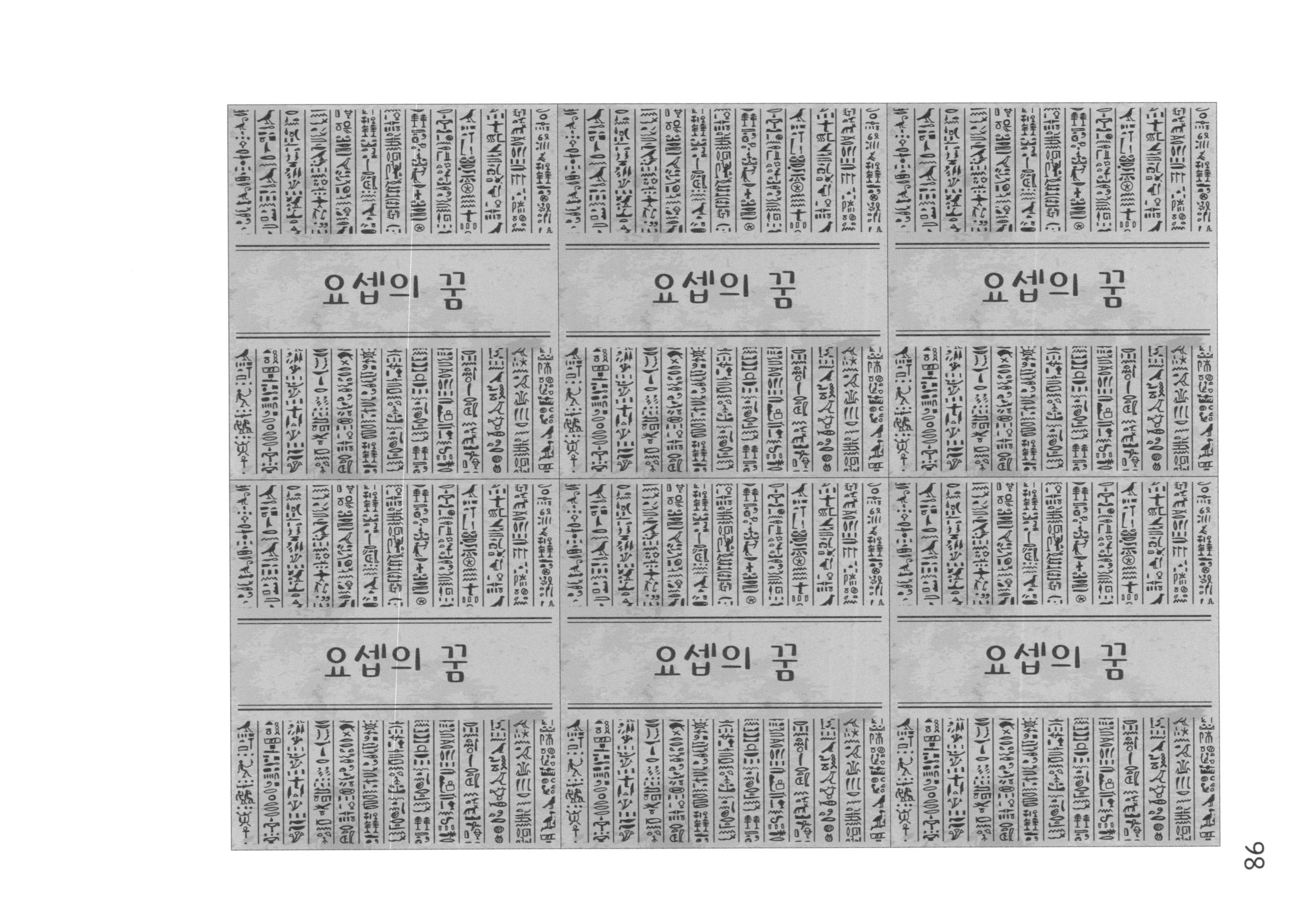

요셉의 꿈

요셉의 꿈

요셉의 꿈

요셉의 꿈

요셉의 꿈

요셉의 꿈

가스펠 프로젝트
알콩달콩 가족 활동
메시지 카드
1단원
창조의 하나님
1. 하나님이 세상을 창조하셨어요
창 1:1~25
2. 하나님이 사람을 창조하셨어요
창 1:26~2:25
3. 죄가 세상에 들어왔어요
창 3:1~24
4. 가인과 아벨이 제물을 드렸어요
창 4:1~16, 4:25~26

1. 하나님이 세상을 창조하셨어요

주제 하나님은 세상의 모든 것을 창조하셔서 하나님의 영광을 나타내셨어요.

가스펠 링크 성경은 예수님이 모든 피조물의 주인이 되신다고 말해요. 만물이 그분에 의해, 그분을 위해 창조되었어요. 성자 하나님은 항상 계셨고, 모든 것을 유지하고 계세요(골 1:16-17).

성경의 초점 하나님은 왜 세상을 창조하셨나요?
하나님은 이 세상 모든 것을 하나님의 영광을 위해 창조하셨어요.

암송 고전 8:6

1단원 암송 그러나 우리에게는 한 하나님 곧 아버지가 계시니 만물이 그에게서 났고 우리도 그를 위하여 있고 또한 한 주 예수 그리스도께서 계시니 만물이 그로 말미암고 우리도 그로 말미암아 있느니라(고전 8:6).

부모님께 : 메시지 카드에는 아이들이 배운 성경 이야기를 되새기며 삶에 적용할 수 있는 가족 활동이 담겨 있습니다. 그림을 보며 성경 이야기를 회상하고 성경 본문을 찾아 함께 읽어 보며 가족의 묵상을 나누어 보세요. 카드의 그림들은 성경의 흐름을 기억할 수 있는 단서가 될 것입니다.

1권 "위대한 시작"에 담긴 가스펠

하나님이 만물을 창조하셨고, 그분이 만물의 주인이십니다(창 1:1; 골 1:16~17). 우리는 하나님께 맞서 죄를 지었습니다. 우리는 모두 죄인입니다(롬 3:23). 우리는 죄의 대가로 죽음을 맞이하게 되었습니다(롬 6:23). 그러나 예수님이 우리를 대속하셨습니다(롬 5:8; 고후 5:21). 우리는 예수님을 믿고 죄를 회개하면 구원을 받습니다(롬 10:9~10, 13).

---

4. 가인과 아벨이 제물을 드렸어요

주제 가인의 죄가 그를 하나님과 사람들로부터 갈라놓았어요.

가스펠 링크 하나님은 하와의 후손 중 하나가 죄와 죽음을 끝낼 것이라고 약속하셨어요. 가인은 그 구원자가 아니었어요. 가인은 자기 부모인 아담과 하와처럼 죄인일 뿐이었지요. 그래서 사람들은 하나님이 약속을 반드시 지키실 것이라고 믿으며 살아갔어요. 때가 되면 하나님이 죄인들을 구원하기 위해 아들을 보내실 거예요(히 11:13; 갈 4:4).

성경의 초점 죄가 무엇인가요?
죄는 하나님의 법을 어기는 거예요. 죄는 사람들을 하나님으로부터 갈라놓아요.

암송 고전 8:6

---

3. 죄가 세상에 들어왔어요

주제 아담과 하와의 죄가 그들을 하나님으로부터 갈라놓았어요.

가스펠 링크 아담과 하와 이후에 태어난 모든 사람은 죄인이에요. 죄는 사람들을 하나님으로부터 갈라놓았어요. 하나님은 하와의 후손이 죄와 죽음을 끝낼 것이라고 약속하셨어요. 아담이 죄가 없는 완벽한 삶을 살지 못했기 때문에 하나님은 아들이신 예수님을 보내셨어요. 사람들을 죄에서 구원해 하나님께로 다시 인도하시기 위해 예수님이 세상에 오셨어요.

성경의 초점 죄가 무엇인가요?
죄는 하나님의 법을 어기는 거예요. 죄는 사람들을 하나님으로부터 갈라놓아요.

암송 고전 8:6

---

2. 하나님이 사람을 창조하셨어요

주제 하나님은 하나님의 형상대로 사람을 창조하셨고, 남자와 여자로 만드셨어요.

가스펠 링크 하나님은 하나님의 형상대로 사람을 만드셨어요. 아담은 어떤 면에서는 하나님을 닮았지만, 하나님을 완벽하게 나타내지는 못했어요. 그래서 하나님은 하나님이 정확하게 어떤 분인지 보여 주시기 위해 자신의 아들 예수님을 보내 주셨어요(골 1:15). 예수님이야말로 하나님을 완벽하게 나타내시는 분이세요. 왜냐하면 예수님이 바로 하나님이시기 때문이에요(히 1:3).

성경의 초점 하나님은 왜 세상을 창조하셨나요?
하나님은 이 세상 모든 것을 하나님의 영광을 위해 창조하셨어요.

암송 고전 8:6

2단원
언약을 맺으시는
하나님

5. 하나님이 노아와 가족을 구해 주셨어요
창 6:5~9:17

6. 바벨탑을 쌓던 사람들이 흩어졌어요
창 11:1~9

7. 하나님이 아브라함과 언약을 맺으셨어요
창 12:1~3, 15:1~21, 17:1~9

8. 하나님이 아브라함을 시험하셨어요
창 22:1~19

9. 하나님이 다시 약속하셨어요
창 25:19~26, 26:1~6, 28:10~22

2단원 암송 성경이 무엇을 말하느냐 아브라함이 하나님을 믿으매 그것이 그에게 의로 여겨진 바 되었느니라(롬 4:3).

6. 바벨탑을 쌓던 사람들이 흩어졌어요

주제 하나님은 오직 하나님께만 영광을 돌리게 하시려고 사람을 창조하셨어요.

가스펠 링크 사람들은 하나님이 아니라 자신에게 영광을 돌리고 싶어 했어요. 사람들은 하나님의 계획을 무시했고, 하나님은 사람들의 언어를 뒤섞어 버려 온 땅에 흩어지게 하셨어요. 언젠가 예수님이 하나님의 백성을 모두 모으실 거예요. 그때에는 모든 족속의 사람들과 모든 종류의 언어를 쓰는 사람들이 다 모여서 하나님께 예배드릴 거예요.

성경의 초점 하나님은 왜 세상을 창조하셨나요?
하나님은 이 세상 모든 것을 하나님의 영광을 위해 창조하셨어요.

암송 고전 8:6

5. 노아와 가족을 구해 주셨어요

주제 하나님은 거룩하시고, 죄를 벌하세요.

가스펠 링크 하나님은 노아와 그의 가족을 홍수에서 구하셨어요. 노아의 가족만이 살아남았어요. 이 사건은 장차 일어날 큰 구원 사건에 대한 예표가 된답니다. 하나님의 아들 예수님(유일하게 완벽하고 의로우신 분)이 우리 대신 벌을 받기 위해 오셨어요. 예수님을 믿으면 우리는 우리가 지은 죄의 벌에서 구원받을 수 있어요. 예수님은 우리를 살리기 위해 죽으셨어요.

성경의 초점 죄가 무엇인가요?
죄는 하나님의 법을 어기는 거예요. 죄는 사람들을 하나님으로부터 갈라놓아요.

암송 고전 8:6

9. 하나님이 다시 약속하셨어요

주제 하나님은 자신이 언제나 약속을 지키시는 분임을 아브라함의 자손에게 알려 주셨어요.

가스펠 링크 하나님이 아브라함에게 주신 놀라운 계획은 아브라함이 죽은 뒤에도 계속 이어졌어요. 이 계획은 리브가와 이삭, 야곱을 거쳐 마침내는 한 나라 전체로 이어졌어요. 마침내 아기 예수님이 태어나실 때까지 말이지요. 예수님은 모든 하나님의 백성에게 구원과 구속을 베푸시려는 하나님의 계획을 이루셨어요.

성경의 초점 하나님은 무엇을 약속하셨나요?
하나님은 하나님의 백성에게 복을 주겠다고 약속하셨어요.

암송 롬 4:3

8. 하나님이 아브라함을 시험하셨어요

주제 아브라함은 하나님의 계획이 이해되지 않을 때에도 하나님을 믿었어요.

가스펠 링크 아브라함은 자신의 아들 이삭마저 기꺼이 하나님께 드림으로써 하나님에 대한 자신의 사랑을 보여 드렸어요. 하나님도 같은 방법으로 우리에 대한 하나님의 사랑을 보여 주셨지요. 하나님은 자신의 아들 예수님을 이 땅에 보내셔서 십자가에서 죽게 하심으로 우리가 영생을 얻을 수 있게 해 주셨어요.

성경의 초점 하나님은 무엇을 약속하셨나요?
하나님은 하나님의 백성에게 복을 주겠다고 약속하셨어요.

암송 롬 4:3

7. 하나님이 아브라함과 언약을 맺으셨어요

주제 하나님은 아브라함을 통해 온 세상에 복을 주겠다고 약속하셨어요.

가스펠 링크 하나님은 아브라함을 부르셔서 고향을 떠나 다른 나라로 가라고 하셨고, 아브라함을 통해 온 세상에 복을 주겠다고 약속하셨어요. 하나님은 예수님이 하늘나라를 떠나 이 땅에서 아브라함의 자손으로 태어나게 하셨어요. 예수님을 통해 땅의 모든 민족이 복을 받게 되었답니다.

성경의 초점 하나님은 무엇을 약속하셨나요?
하나님은 하나님의 백성에게 복을 주겠다고 약속하셨어요.

암송 롬 4:3

3단원
언약을 지키시는 하나님

10. 야곱이 복을 가로챘어요

창 25:27~34, 27:1~45

11. 하나님이 야곱에게 새 이름을 주셨어요

창 32~33장

12. 요셉이 이집트로 팔려 갔어요

창 37:1~36, 39:1~41:57

13. 요셉의 꿈이 이루어졌어요

창 42:1~46:34, 50:15~21

둘러보기

- **주제** : 각 과의 핵심 줄거리를 파악할 수 있습니다.

- **가스펠 링크** : 성경 이야기에 담긴 복음을 발견하게 합니다. 모든 성경 이야기는 그리스도와 연결됩니다.

- **성경의 초점** : 본문과 관련된 성경의 중심 주제를 문답의 형식으로 정리한 문장입니다. 단원의 성경의 초점을 익히며 성경의 흐름을 이해하게 합니다.

- **암송** : 단원의 핵심 메시지가 담긴 성경 구절입니다.

11. 하나님이 야곱에게 새 이름을 주셨어요

주제 하나님이 야곱의 이름을 이스라엘로 바꾸어 주셨어요. 이스라엘은 하나님의 약속의 백성이라는 뜻이에요.

가스펠 링크 하나님은 야곱의 인생을 바꾸시고, 이스라엘이라는 새 이름도 주셨어요. 예수님은 우리 죄를 사하시고 새 삶을 살게 하시기 위해 이 땅에 오셨어요(고후 5:17). 예수님의 죽음과 부활은 죄인들에게 하나님의 가족이 될 수 있는 길을 열어 주었어요. 우리가 하나님의 가족이 되면 우리도 '하나님의 자녀'라는 새 이름을 갖게 된답니다(요 1:12).

성경의 초점 무엇이 하나님의 계획을 막을 수 있나요? 아무것도 하나님의 완벽한 계획을 막을 수 없어요.

암송 창 26:24

10. 야곱이 복을 가로챘어요

주제 야곱이 에서의 복을 가로챘어요.

가스펠 링크 예수님은 모든 피조물의 큰아들이세요(골 1:15). 십자가에 매달리셨을 때 예수님은 우리를 위해 모든 복을 포기하셨어요. 자신이 받을 복을 하나님이 우리에게 주실 수 있도록, 예수님이 우리가 받을 벌을 대신 받으신 거예요.

성경의 초점 무엇이 하나님의 계획을 막을 수 있나요? 아무것도 하나님의 완벽한 계획을 막을 수 없어요.

암송 창 26:24

3단원 암송 그 밤에 여호와께서 그에게 나타나 이르시되 나는 네 아버지 아브라함의 하나님이니 두려워하지 말라 내 종 아브라함을 위하여 내가 너와 함께 있어 네게 복을 주어 네 자손이 번성하게 하리라 하신지라(창 26:24).

13. 요셉의 꿈이 이루어졌어요

주제 하나님은 요셉을 남은 자로 삼으시기 위해 이집트로 보내셨어요.

가스펠 링크 하나님은 요셉의 인생에 대한 계획을 갖고 계셨어요. 하나님은 한 나라를 구하기 위해 요셉이 고난을 겪는 것을 허락하셨어요. 하나님은 모든 나라에 있는 하나님의 백성을 구하기 위해 예수님이 고난을 겪도록 계획하셨어요.

성경의 초점 무엇이 하나님의 계획을 막을 수 있나요? 아무것도 하나님의 완벽한 계획을 막을 수 없어요.

암송 창 26:24

12. 요셉이 이집트로 팔려 갔어요

주제 하나님은 요셉의 고난을 선하게 사용하셨어요.

가스펠 링크 하나님은 요셉의 고난을 선하게 사용하셨어요. 하나님은 요셉을 사용하셔서 요셉의 가족과 많은 사람을 도우셨어요. 예수님도 하늘의 보좌를 버리고 이 땅에 오셔서 온 세상의 구원자가 되셨답니다.

성경의 초점 무엇이 하나님의 계획을 막을 수 있나요? 아무것도 하나님의 완벽한 계획을 막을 수 없어요.

암송 창 26:24

가스펠
프로젝트

가스펠 프로젝트

성경에는 하나님의 놀라운 사랑 이야기가 담겨 있습니다.

우리를 죄에서 건지시려는 하나님의 구원 계획입니다.

그 이야기들은 모두 우리를 구원하실

예수님을 가리키고 있습니다.

성경 이야기를 시간의 흐름을 따라 정리한 연대표를 따라가며

하나님의 구원 계획을 발견해 보세요.

창조
1
하나님이 세상을
창조하셨어요

하나님의 형상
하나님이 사람을
창조하셨어요
2

가인과 아벨
가인과 아벨이
제물을 드렸어요
4

바벨탑
바벨탑을 쌓던 사람들이
흩어졌어요
6

죄
3
죄가 세상에
들어왔어요

노아
5
하나님이 노아와
가족을 구해 주셨어요

아브라함을 부르심
7
하나님이 아브라함과
언약을 맺으셨어요

구약1
연대표

아브라함과 이삭
하나님이 아브라함을
시험하셨어요
8

야곱과 에서
야곱이 복을
가로챘어요
10

요셉의 역경
요셉이 이집트로
팔려 갔어요
12

약속이 이어지다
하나님의 다시
약속하셨어요
9

야곱이 하나님과 씨름하다
하나님이 야곱에게
새 이름을 주셨어요
11

많은 사람의 구원
요셉의 꿈이
이루어졌어요
13